Coleção Dramaturgia

FABRICE
HADJADJ

Copyright © Éditions Salvator, Paris 2011 - Yves Briend Éditeur S. A.
Copyright da edição brasileira © 2017 É Realizações
Título original: *Job ou la Torture par les Amis*

Editor
Edson Manoel de Oliveira Filho

Produção editorial
É Realizações Editora

Preparação de texto
Nina Schipper

Revisão
Liliana Cruz

Capa e projeto gráfico
Nine Design Gráfico | Mauricio Nisi Gonçalves

Reservados todos os direitos desta obra. Proibida toda e qualquer reprodução desta edição por qualquer meio ou forma, seja ela eletrônica ou mecânica, fotocópia, gravação ou qualquer outro meio de reprodução, sem permissão expressa do editor.

CIP-Brasil. Catalogação-na-Fonte
Sindicato Nacional dos Editores de Livros, RJ

H146j

Hadjadj, Fabrice, 1971-
Jó : ou a tortura pelos amigos / Fabrice Hadjadj ; tradução Clara Carvalho. - 1. ed. - São Paulo : É Realizações, 2017.
80 p. ; 21 cm.

Tradução de: Job ou la trahison par les amis
ISBN 978-85-8033-279-7

1. Teatro francês (Literatura). I. Carvalho, Clara. II. Título.

16-37072
CDD: 842
CDU: 821.133-1-2

14/10/2016   18/10/2016

É Realizações Editora, Livraria e Distribuidora Ltda.
Rua França Pinto, 498 · São Paulo SP · 04016-002
Caixa Postal: 45321 · 04010-970 · Telefax: (5511) 5572 5363
atendimento@erealizacoes.com.br · www.erealizacoes.com.br

Este livro foi impresso pela Gráfica Forma Certa em outubro de 2021. Os tipos usados são da família Sabon LT Std e Helvetica Neue. O papel do miolo é Pólen Bold 90 g, e o da capa, cartão Supremo AA 250 g.

Fabrice Hadjadj

JÓ

ou
A Tortura pelos
Amigos

Tradução
Clara Carvalho

2ª impressão

É Realizações
Editora

PREFÁCIO

Jó e a Alegria

Estranha associação esta: Jó e a alegria, não? Não, se você for o filósofo Fabrice Hadjadj e escreveu um impactante livro chamado "O Paraíso à Porta – Ensaio sobre uma alegria que desconcerta", também publicado no Brasil pela É Realizações, que agora traz entre suas obras de dramaturgia essa "adaptação" do livro de Jó para o teatro e os tempos contemporâneos.

O livro de Jó é um clássico da teodiceia (voltaremos a isso já). Mas, antes, é importante lembrar que Hadjadj, com essa peça, entra num diálogo histórico de comentaristas do livro considerado mais antigo da Bíblia Hebraica. O livro de Jó, assim como seus "ancestrais" na tradição mesopotâmica, narra as agonias do servo sofredor, um homem que faz tudo que Deus manda (na Mesopotâmia, seus "ancestrais" fazem todos os sacrifícios que os deuses de lá mandam) e ainda assim sofre mais do que todo mundo. A pergunta de Jó é: por que eu sofro, sendo eu um servo justo de Deus?

Jó representa a questão básica daquilo que o filósofo alemão G.W. Leibniz (1646-1716) chamará de o problema da teodiceia. Esse campo da filosofia se pergunta como é possível que, em sendo Deus bom, o mundo seja mau? Como justos sofrem e maus tem sucesso na vida? Pergunta insolúvel, mas para Leibniz, que perdia o sono diante da possibilidade dos gnósticos (aqueles cristãos heréticos que achavam que o Deus criador era mau, por isso o mundo era mau) terem razão, tratava-se de uma pergunta torturante. Deve ser possível justificar o mundo racionalmente em seu estado imperfeito. Justificá-lo pela fé apenas não bastava para Leibniz. Sua conclusão conhecida é que esse é o melhor mundo possível uma vez que tudo que existe, menos Deus, é imperfeito. Deus criou o mundo e nos fez livres para cuidar "do nosso jardim", como diria Cândido, personagem de Voltaire (1694-1778) em livro homônimo, que encarna a posição leibniziana, ingênua para o filósofo francês.

A pergunta de Jó não é apenas uma querela para fiéis. Leibniz, mesmo que dê uma resposta ingênua ou insatisfatória, para muitos, representa a consciência filosófica agônica diante do mal e dos esforços humanos para entender a miséria do mundo. Immanuel Kant (1724-1804) também se ocupará dessa questão quando diz que o principio de razão suficiente, que caracteriza o homem, entra em agonia diante do desespero moral do mundo.

Além de Leibniz e Kant, muitos outros grandes nomes são associados a teodiceia: Pascal, Nietzsche, Dostoiévski, Machado de Assis, Unamuno, Camus, só pra citar alguns gigantes, afora toda tradição rabínica judaica.

Aliás, no judaísmo o livro de Jó está alocado logo após o Qohélet (O Eclesiastes), antes do Cântico dos

Cânticos. Para os rabinos, o livro é parte da chamada literatura sapiencial israelita. Começando com Provérbios, a sabedoria israelita antiga nos ensina que devemos respeitar os patriarcas, os antepassados e os pais, uma vez que eles nos legaram um mundo e a vida. Em seguida, Eclesiastes, livro que nos ensina que todo sucesso que temos é graças à livre vontade de Deus. Na festa da colheita, (sucot) e no sucesso na vida pessoal, sempre devemos ler o Eclesiastes, para lembrarmos que se não for pela constante misericórdia divina, nada existiria. Lutero (1483-1546) muito sabiamente entendeu que o Eclesiastes era um livro sobre a graça. Em seguida, Jó, o servo sofredor. Jó é o último livro antes de chegarmos ao Cântico dos Cânticos, este sendo o livro mais sagrado da Bíblia Hebraica, compreendido como uma narrativa mística do encontro amoroso entre Deus e a alma ou Deus e a nação israelita. Para sermos capazes de adentrarmos nesse espaço místico, devemos passar pela sabedoria ancestral dos Provérbios, pela humildade do Eclesiastes, e, por último, pela consciência moral de Jó. E qual é essa consciência moral de Jó? A consciência de que somente Deus pode dizer quem é bom e quem é mau. Quem merece ou não sofrer. O "erro" de Jó (como o de todos nós) foi achar-se justo e, portanto, merecedor de uma vida feliz. Quando ele, finalmente, se entrega a Deus e a tudo que existe à sua volta, sem se perguntar por que ele sofre, Jó entende seu pecado: a idolatria de sua própria virtude. E a idolatria é um pecado central para a literatura do hebraísmo antigo. Quando nos libertamos da idolatria de nossa própria virtude, quando superamos a ideia de conhecermos todos os parâmetros do mundo, quando entendemos que não temos como "escapar" da vida, a não ser entrando nela, chegamos a alegria do Jó de Hadjadj, aquela fundada numa tese cristã antiga que é: somos livres somente quando amamos o mundo e não ao nosso "pequeno eu" idolatra de si mesmo. Mesmo que, para isso, tenhamos que chegar à beira do abismo da dor e do desespero, como Jó. Aí vemos o mundo naquilo que ele é: um presente de Deus que nos tirou do nada por Sua livre vontade. Numa palavra, como dirá o padre, personagem principal do livro "Diário de Um Pároco de Aldeia", de Georges Bernanos (também publicado no Brasil pela É Realizações): tudo é graça. E ver isso nos faz feliz. Basta superarmos a "cobrança neurótica" de perfeição (e o medo da vida que ela implica). O próximo estado será a alegria.

Eis o Jó de Hadjadj. A peça, além da discussão enquanto tal, e das várias referências a "males contemporâneos" entrecruzados com males clássicos da literatura bíblica, apresenta Deus como uma espécie de "dramaturgo e diretor" de um drama em que Ele nos conhece (seus personagens e atores) de forma mais íntima do que nós conhecemos a nós mesmos. Isso inclui o próprio Demônio atormentado, que ecoa na famosa fórmula do Rei David (o bem amado de Deus no judaísmo), aquele que sabe que Deus conhece cada fio de nosso cabelo, e de Santo Agostinho (354-430), em seu maravilhoso "As Confissões": Deus é mais íntimo de mim do que sou de mim mesmo. Essa é a beleza que tardiamente conhecemos e que, quando a conhecemos, a vida se revela em sua beleza. A mesma beleza que Dostoiévski (1821-1881) dizia que salvaria o mundo. É esta a alegria do Jó de Fabrice Hadjadj: A alegria que a beleza da graça traz para a nossa vida.

Luiz Felipe Pondé

AS PERSONAGENS

DEUS

DEMÔNIO

JÓ

ELIFAZ

MULHER DE JÓ

BILDADE

ZOFAR

A JOVEM

ELIÚ

Cena 1

Deus, sozinho

Em meio aos plissados da cortina abaixada.

DEUS
Não existe público.
Para mim não existe público.
Sob meu olhar, as pessoas não podem se agregar nesta forma indistinta e compacta que chamamos de "multidão", "massa", "auditório", "plateia de teatro"...
Não sou desses diretores que avaliam as coisas de cima e enumeram suas poltronas, pobre de mim!
Eu sou
Terrivelmente míope.
E é por isso que tenho de ficar muito perto de cada um, ao ponto de poderem sentir meu hálito em seu pescoço...
Porque, de certa forma, sou o Ator puro,

Sempre incapaz de ser aquele espectador que sente prazer em observar a torre em chamas lá de longe, do seu balcão de mármore rosa,

Incapaz também de ser aquele comediante que se movimenta no palco, mas que, para as pessoas que estão nas últimas cadeiras do último balcão, parece não fazer nada.

Conheço cada espectador como o ar que respiro,

Como meu filho único,

Como minha noiva sob as árvores floridas.

Sim, eu sei o nome absolutamente próprio de cada um de vocês,

Não essa expressão genérica, "Homem! Homem!", que é como o som da boca que morde a isca do sistema,

Nem apenas essas sílabas miúdas, "Renata", ou "Mônica", ou "João Carlos",[1]

Mas o nome que identifica você em seus refúgios mais recônditos,

O nome que agrega todas as suas partículas e diz respeito apenas a você,

O nome que enuncia sua presença na penumbra nupcial e declara o universo singular que você abre pela fenda de seus olhos,

E, acima de tudo, é isto que eu precisava, mais do que qualquer outra coisa, revelar a você nesta noite,

Pois por que você está aqui nesta noite, por que você resistiu até este momento, preparado desde antes do nascimento das estrelas?

Por que esta coincidência de inumeráveis circunstâncias, desde o primeiro átomo de hidrogênio,

---

[1] O ator escolherá nomes de pessoas efetivamente presentes na plateia. (N. A.)

até o abraço de seus pais e todas as vezes que o raio caiu imediatamente após as pegadas dos seus passos?

Aconteceram todos esses acasos e agora eis você aqui...

Eis você aqui, meu bem-amado, que chegou a este dia para que eu lhe revelasse enfim, no fundo do seu ouvido e do seu coração...

Mas não! Demônio,

Confesso que já esperava vê-lo aqui, atravessando meu caminho.

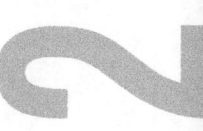

Cena 2

Deus e o Demônio

DEUS
A que devo a honra desta visita, meu anjo?

DEMÔNIO
Droga! Quando você vai parar de uma vez por todas de me chamar de "meu anjo"?
Não é brincadeira! É de propósito, é uma provocação para serrar meus chifres e cortar minhas asas!
"Meu anjo"! Por que não "meu amor" já que se trata de você?

DEUS
Se prefere "meu amor"...

DEMÔNIO
Droga! Sempre o amor... Pensa que eu sou uma adolescente?

Eu preferia mil vezes que você me chamasse de "minha morte", "meu rebelde", "minha raiva e meu ódio", "minha lepra e minha cólera"!
Mas não, seu velho gagá! Você não sabe fazer outra coisa a não ser amar e se derramar tanto, que chegam a ser repugnantes todas estas suas graças pegajosas!
Por favor, chega de graça!

DEUS
Veio aqui me fazer uma declaração, meu anjo?

DEMÔNIO
Não, droga! Nem de amor, nem de guerra, ô, Deus odioso!
Que espada perfuraria seu corpo de rio?
Que machado cortaria a banha da sua luz?
Não, não vim aqui por sua causa,
mas por causa daquele palerma do Jó[1]...

DEUS
De novo?
Não se cansa de tanta obstinação?

DEMÔNIO
Não durmo mais.
É como um dente mordendo e furando minha própria garganta.

DEUS
Primeiro você me pediu licença para cobri-lo de riquezas.

---

[1] Jó ou Job, do hebraico *Ayub*, que significa "Voltado para Deus", é uma personagem do livro mais antigo da Bíblia, o Livro de Jó, do Velho Testamento. (N. T.)

Dizia que ele me procurava porque era pobre...

DEMÔNIO

Por todos os diabos, achei que o mel amordaçaria a boca imensa que ele tem.

Então, coloquei-o num casulo muito macio para que ele nunca mais quisesse criar asas,

E, para ninar sua lagarta,

Coloquei ao seu lado uma boneca muito torneada e muito gostosa, para que suas mãos só se juntassem sobre os peitos trêmulos dela.

Fiz dele presidente de uma multinacional poderosa – um grande patrão cujos valores humanistas têm cotação na bolsa – qualquer um se danaria por menos que isso!

Resumindo, me tornei seu agente, seu *coach*, seu assessor, e sabe o que eu ganhei com esse *job* de escravo de Jó?

Necas de pitibiriba e um pé na bunda!

Nem as preocupações do trabalho, nem os prazeres da carne o impediram de cuidar dos humildes e procurar sempre seu desgraçado papai Deus!

E é isso que há de tão detestável na sua companhia, quero deixar bem claro: ela impede os encontros íntimos e as conversas reservadas!

Por que você não é mais seletivo nas suas escolhas?

Se pelo menos eu pudesse me elevar até você sem ter que me abaixar diante do primeiro cara que aparece!

Mas, não! Aproximar-se do Criador é também, fatalmente, se aproximar da mais ínfima das suas criaturas,

É dividir a mesa com todos os enlameados e estropiados do mundo!

Se ao menos eu pudesse me jogar em você e ficar debaixo de um edredom de plumas para cochilar entre dois trabalhos,

Mas, não! Entregar-se ao Criador é tornar-se fatalmente mais criativo,
E ter que inventar o tempo todo novos elogios de quebrar a mandíbula de qualquer um!
Se ao menos eu pudesse apagar meus limites e me dissolver no oceano indefinido da sua substância luminosa,
Mas, não! Perder-se em seu Criador é tornar-se fatalmente cada vez mais igual a si mesmo,
É ser resgatado a toda hora do vazio por sua mão pegajosa
E oferecer o rosto nu por trás de todas as máscaras caídas...
Quando é que você vai me deixar em paz, afinal?

DEUS
É o que eu faço sempre, desde o começo, meu anjo.

DEMÔNIO
Que a peste transforme sua paz numa chaga aberta!
Prefiro descansar me revoltando.

DEUS
Depois você também me pediu permissão para espoliar Jó completamente.
Dizia que ele apelava para mim porque era rico...

DEMÔNIO
Por todos os diabos, eu acreditava no efeito deste contraste potente: depois do mel, o fel.
Depois da ronda das carícias, a matilha dos cães.
Então fiz com que a empresa dele, destruída por minha querida crise financeira, fosse devorada: uma metade, por negociantes persas, e a outra, por especuladores chineses.
Fiz com que sua mulher o abandonasse para viver com seu diretor de recursos humanos,

E que seus filhos – um filho e uma filha – morressem no "trágico incêndio do Macumba Night", que começou com um Lucky Strike mal apagado. Ambos foram queimados sob o refrão: *I'd like to move it, move it*.

Depois fiz com que um lúpus eritematoso, muito resistente à cortisona, roesse seus ossos e deformasse seu rosto, para que ele, ainda vivo, pudesse acompanhar seu apodrecimento *post-mortem*.

E depois fiz com que o acusassem injustamente de abuso de poder, de malversação de recursos e de maus-tratos contra uma jovem estagiária, até que seu nome ficasse sujo em todas as manchetes...

Quer dizer, eu me esforcei. E qual foi o resultado?
Por acaso ele o amaldiçoou? Não.
Por acaso se recolheu cheio de soberba?
Também não.
Resignou-se como uma larva diante da sua tirânica majestade? Não, o idiota!
Em vez de se acovardar ou se levantar contra você,
De reagir ou enfiar uma bala na cabeça,
Dilacerou-se inteiramente,
Gritando de desespero!
E olha que eu tinha despejado sobre ele seus piores inimigos!

DEUS

Gostaria de extorquir de mim mais alguma permissão, meu anjo?

DEMÔNIO

Diacho! Pare de me espetar com este "meu anjo", como se eu fosse uma borboleta!
Os inimigos de Jó não foram suficientes.
Precisamos de coisa pior.

DEUS
E o que pode ser pior do que seus inimigos?

DEMÔNIO
Seus amigos...
Digamos, todos os amigos dele, cercando-o de cega solicitude,
Para que ele seja esmagado por maciças gentilezas,
Sufocado pela compaixão gotejante...
Este é o meu pedido, odioso Deus,
Permita que eu despeje seus amigos sobre ele, como a única matilha capaz de devorar seu coração.

Cena 3

Jó, sozinho

Um quarto de hospital. Cama branca e poltrona creme, soro gotejando, ruído de um monitor de batimentos cardíacos no canto. À esquerda do espectador, porta de entrada, com o número 201, 666 ou 3, como quiserem... À direita do espectador, uma grande janela, que dá para a cidade na primavera: árvores raras e magras, fachadas cinzentas. Vê-se ao longe um campanário, atrás de um grande painel publicitário, que enaltece os méritos de um creme para emagrecer. Manhã.

JÓ

Estou aqui?
Será que uma carta fora do baralho pode dizer "estou aqui"?
De pé e no entanto mais baixo que a terra,
Sobre os pés e no entanto menos que rastejante,
Sou a árvore fulminada que promete apenas uma colheita de cinzas,

Sou o homem no parapeito que se apruma antes do grande mergulho.
E a borda sob a planta dos seus pés é como a lâmina de barbear e o carvão em brasas,
Neste momento de apavorante oscilação,
Nesta enorme náusea no balanço do pânico,
Neste momento antes da queda, mais atroz do que a própria queda, que pelo menos traz a certeza do impacto e do alívio.
E o sol, como um ponto de interrogação, se levanta apenas para mostrar a escuridão que me invade sem parar.
E as flores, ah, as flores oferecidas, coloridas, espalhando seu sexo nos zumbidos da vida, delas eu só espero uma coroa mortuária...
E é, sem dúvida, por essa razão, para poupá-lo do contraste com a vida, que vai continuar sem ele,
Que se coloca o moribundo numa caixa branca, no meio de uma página não escrita,
Como se nunca houvessem existido colinas verdejantes, mas somente esta caixa hospitalar, tão pouco hospitaleira que ninguém lamenta deixá-la.
Mundo maravilhoso, aqui do convés deste navio que parte para lugar nenhum, eu o saúdo!
Seu esplendor será o invólucro do meu apodrecimento.
Passantes na rua, que ainda não fizeram a passagem desta vida, deste quarto estéril, onde deverão perecer sua indiferença e suas pequenas preocupações, daqui eu os saúdo!
O quotidiano cinzento de vocês, cheio de preocupações, é uma maravilha que eu invejo.
E vocês, pássaros que cantam a aurora rosada, daqui, atrás deste vidro duplo que cobre os ramos das árvores, eu os saúdo!

A alegria melodiosa de vocês denuncia meu erro.
E vocês, minhocas, que fervilham na terra e ignoram o sol, daqui, no néon dos meus aposentos na clínica, eu as saúdo!
Comer terra no escuro como vocês, para mim isso seria um imenso favor...
Por que me abandonou assim, meu Deus?
Suportando o insuportável,
Sempre preso na boca do lobo?
Por que você não me esmaga como a um inseto e faz de mim um ponto tranquilo na parede?
Por que não me liberta dando a descarga, *floch*, e lá se vai Jó encanamento abaixo?
E sobretudo, por que, por que ajoelhou-se para me receber quando saí do ventre,
Com seios cheios de leite para me encantar,
E uma voz trêmula de amor para me ninar?
Acreditei que minha vida seria calorosa e transbordante como aquela mãe me apertando contra seu coração.
Mas a fada boa se aliou à bruxa
E estes dons só existiram para que deles eu conhecesse a perda,
Todo aquele calor foi só para que eu sentisse melhor a lâmina gelada
E este gosto de morte na minha garganta...

Cena 4

Jó e Elifaz[1]

ELIFAZ
Jó, meu pobre amigo...

JÓ
Elifaz, é você?

ELIFAZ
Há dez, quinze anos talvez que a gente não se vê. Mas seus traços não mudaram sob as rugas e o inchaço da cortisona.
Assim que eu soube da sua desgraça, de pronto, em dois tempos, zás-trás, pá-pum, largando

---

[1] Jó tinha três amigos especiais: Elifaz, da região de Temã, Bildade, da região de Suá, e Zofar, da região de Naamá. Eles souberam das desgraças que haviam atingido o amigo e foram visitá-lo na região de Uz, atual Iraque, onde ele morava, para consolá-lo e travar debates sobre a grandeza dos propósitos da divindade, os mistérios da vida humana e sua culpabilidade (Jó, 2,11). (N. T.)

tudo para trás, num piscar de olhos, voando, no maior pique, sem demora, num pulo, a jato, na loucura, com o pé na tábua,
Eu vim correndo para cá.

JÓ

E junto com você chegam as boas lembranças que você traz, como o cheiro da madressilva, lembranças que me fazem sentir como estão longe os bons velhos tempos,
E como esta hora infeliz está grudada na minha pele...

ELIFAZ

Espantemos do seu rosto as moscas de todas essas ideias negras.
Vim para ajudar você.
Você precisa positivar.

JÓ

Positivar?

ELIFAZ

Afirmativo: ver o lado bom das coisas...

JÓ

Existe algum lado bom do patíbulo,
Alguma perspectiva boa na sepultura,
Um lado melhor para engolir excremento?
Mas você veio e isto me basta,
Nem que seja só para tirar as moscas da minha testa.

ELIFAZ

Vim para socorrê-lo.

JÓ

Você não poderia simplesmente ficar aqui?

Vai me ajudar muito, meu amigo, se não tentar me socorrer.
Se ficar aqui, ao meu lado apenas,
Segurando a minha mão.

ELIFAZ
Às vezes é só uma questão de respiração.
Basta regularizar seu ritmo, como o fluxo das ondas se espalhando na praia.
Expire lentamente como a vaca que pasta enquanto o trem passa,
E as nuvens negras se dissipam na tranquilidade da brisa,
E a dança da energia vai se espalhando por todos os chacras.
Você pratica a posição de lótus?

JÓ
Eu pratico muito a posição do rato na ratoeira.

ELIFAZ
Conhece a meditação transcendental?

JÓ
Não, mas conheço muito a burrice astronômica.

ELIFAZ
Come coisas saudáveis, verduras orgânicas?

JÓ
Não, mas vomito com muita naturalidade.

ELIFAZ
Então inspire profundamente pelo nariz, por favor,
Depois pelos lábios, em círculo, assim, formando um bico,
E expire suavemente.

JÓ

Ótimo conselho para quem entra na câmara de gás.

ELIFAZ

Você está muito cortical, Jó, cortical demais.

JÓ

Cortical? Você pode me descorticalizar?

ELIFAZ

Cortical quer dizer que você se questiona demais, funciona muito no nível do seu córtex cerebral, e seria melhor agora fortalecer seu cérebro reptiliano e se reajustar aos ritmos da terra.

JÓ

Meu cérebro reptiliano?
É verdade que quem rasteja não pode mais cair.

ELIFAZ

Você precisa voltar para dentro de si mesmo e se afastar desta vida atulhada de palavras.
É o apego a essa vida que lhe torna insuportável sentir que ela está se desmanchando e retornando à alma do mundo.

JÓ

Como posso voltar para dentro de mim mesmo, se não passo de um campo devastado?
E como posso me desligar desta vida sem me tornar cúmplice da morte?
Posso agir como se o mal não estivesse me corroendo e deixar o câncer desabrochar como um gerânio?

ELIFAZ

O corpo tende a voltar a seus elementos primordiais.

A consciência, a retornar à luz pura e indivisível.
Certamente, a sua estalactite é dura e brilhante, mas no momento em que você a agarra, ela escorrega e se dissolve entre seus dedos estúpidos.
Volte então para aquela alma que não é a sua alma queixosa, mas este braseiro universal de onde evaporam todos os petardos do eu-mesmo-sempre-eu,
O mar de óleo que reabsorve todas as ondas.

JÓ

Acha que a minha alma vai se despir desse jeito?
Sem mim, com o que eu vou me dirigir ao outro?
Sem meu corpo, onde ficariam a vitória... e a vítima?
Deixe comigo esta carcaça sangrenta, mesmo que eu não saiba como ela poderia se tornar púrpura imperial.

ELIFAZ

Este encarquilhar-se, esta resistência, esta mania de levar tudo para o lado trágico,
É por causa da sua relação com seu pai.
Seu pai, que preferia o seu irmão e que ainda hoje lhe causa vergonha, porque saía de casa para vender aspiradores de mesa de porta em porta, em outros lares...
Eu tenho o telefone de um excelente psicoterapeuta que o livraria desse passado morto em algumas sessões de hipnose.

JÓ

Você entrou sem luvas nem máscara. Só reparei agora.
Ninguém o preveniu de que minha doença é extremamente contagiosa?

ELIFAZ

Sua doença... contagiosa? Não... ninguém me preveniu...
O tempo passa tão rápido perto de você que só agora estou vendo no relógio que é hora de partir...
É um compromisso importante, sabe, que eu não consegui desmarcar...

JÓ

Vá embora rápido. Não precisa se desculpar.
Você também precisa se desprender...
Eu fico aqui, com minhas moscas, como um burro velho, esquecido.
Estou pedindo o impossível, sem dúvida.
Porque não quero que estas bravas moscas que põem ovos nas minhas feridas e se regalam em minhas pálpebras sejam afastadas,
Quero que se transformem em anjos.

Cena 5

Jó e sua Mulher

MULHER DE JÓ
Meu bem-amado que atravessou o abismo!

JÓ
Estou sonhando, ou alguma mosca já se transformou em serafim?

MULHER DE JÓ
Não, Jó, sou eu, sua mulher,
Sua mulher, que só agora ouviu seu chamado e volta, de cabeça baixa,
Como o assassino ao local do crime
E como a ovelha desgarrada que volta ao rebanho.
Você me perdoa?

JÓ
Ah, já não me lembro mais!
Virei as costas um instante, fechei as pálpebras um instante,

Tornei a abrir, e era só um pesadelo, e você está aí, de volta sem nunca ter partido.

MULHER DE JÓ

Como eu podia ficar com o outro, se o som do seu martírio me perseguia até no esquecimento?

Quanto mais tranquila eu ficava, maior a vergonha.

Quanto maior o prazer, mais eu me mortificava.

Até meu gozo se transformou em desgosto

E os braços dele, os braços do outro, que tentavam ser ternos e protetores, me expunham mais ainda aos golpes da minha consciência.

Mas agora estou aqui.

JÓ

Você está aqui, minha mulher, e isso é suficiente.

Eu tinha virado as costas um instante: você sabe bem como eu durmo na nossa cama, com o rosto virado para a parede, não para você, e talvez, mesmo com os olhos abertos para o seu lado, a sonolência poderia ter feito eu pensar que o seu lugar estava vazio.

Mas eu me esfrego, reabro os olhos, e esse momento se mistura à última vez e ao momento precedente.

É normal que eu tenha tido este pesadelo.

Da última vez, você estava com um vestido preto.

Nós estávamos lado a lado para enterrar os frutos do nosso amor...

Mas quem sabe? Talvez aquelas duas crianças na terra signifiquem infinitamente mais do que duas alianças em nossos dedos.

Os jovens esposos atravessaram apenas a noite de núpcias.

Nós atravessamos as trevas desse luto.

Essa corda que nos estrangula nos liga muito mais
Do que as guirlandas da festa.

MULHER DE JÓ

Sua dor dói mais em mim do que a minha própria dor.
O arranhão no seu corpo é corte no meu coração.

JÓ

Ah, minha companheira de infortúnio,
O bote de salvação ia levar-lhe para longe,
E você tem a coragem de se juntar à minha tábua de náufrago, depois do naufrágio?
Eu não fiquei com raiva de você, você sabe. De que serve afundarmos juntos?
Mas se encostarmos um no outro, talvez nossas quedas se equilibrem
Como o rei de espadas e a rainha de copas de um castelo de cartas sobre o qual se equilibra uma criança...

MULHER DE JÓ

O grito que saiu dos seus lábios me dilacera as entranhas.
E assim como a mancha clara aparece mais no pano escuro,
A escuridão da sua dor torna a minha dor mais doída.

JÓ

Minha mulher, minha doce esposa, você sofre com meu sofrimento
E seu sofrimento me faz sofrer mais ainda.
Mas, ao mesmo tempo, pela misteriosa parceria do amor,
Me alivia.

MULHER DE JÓ
A cadela uiva por muito tempo sobre o túmulo do dono, quando ele já não pode mais sofrer.
Jó, como posso suportar ver você neste estado?

JÓ
Você está ao meu lado, minha esposa,
E este hospital se transforma num palácio,
E estas ataduras se transformam em roupas de festa,
Por este furo no meu braço entra um raio de sol.
Quando a dilaceração atravessa duas almas, elas deixam de ser duas esferas errantes
E se transformam em pedras preciosas de um mesmo colar...

MULHER DE JÓ
Você não entende.
Sofro demais por saber que você está sofrendo.
Como uma boa dona de casa, vim remendar para sempre o rasgão.
Vim lhe trazer o remédio.

JÓ
E há outro remédio, senão o insuportável que suportamos juntos,
Que eu suporto junto com você?

MULHER DE JÓ
Esta picada, meu bem-amado do outro lado do abismo,
Esta picada de bela adormecida vai te fazer dormir por muito tempo, tanto tempo, meu príncipe encantado,
Que você vai acordar num outro mundo, onde não existe mais dor, nem lágrimas, nem noite.

JÓ

Esta picada...
Senhor, então é assim que ainda me obriga a maldizê-lo?
Eu esperava a pomba abençoada e está aqui a viúva negra.
Eu esperava a ovelha desgarrada e aqui está um louva-deus fêmea,
Que goza sobre a cabeça cortada do seu macho.
Ah, esposa, você é realmente a cadela que diz ser,
Fiel até a morte, não por atenção delicada,
Mas para se fartar de ração e carícias que a fazem balançar o rabo.

MULHER DE JÓ

É completamente indolor, eu juro.

JÓ

Você não entendeu?
Seu desejo de uma separação indolor entre nós só faz aumentar a minha dor.

MULHER DE JÓ

Um minuto apenas.
Em um minuto a fatalidade é atingida por um golpe fatal!
Aqui, nesta seringa, está a serenidade,
Uma paz real intravenosa:
Um raio de sol de verdade, meu amor,
O clarão com o qual você sonhava nas suas veias.

JÓ

Ah, minha mulher, você me tenta, se soubesse como você me tenta.
A tortura que você me inflige ao me propor escapar assim das minhas torturas aumenta mais do que nunca a vontade de escapar delas...

Ande, pode dar a estocada, enfie sua seringa tranquilizante, espete seu marido enfurecido! Não!
Prefiro que me façam engolir um século de chumbo derretido garganta abaixo,
Que me amputem sem anestesia um membro depois do outro, arrancando-os do modo mais terrível!
Adeus, meu olho direito!
Adeus, minha mão direita!
Afaste-se de mim, metade de mim mesmo!

MULHER DE JÓ
Deseja então que eu continue sofrendo?

JÓ
Vá embora, estou dizendo.
Mal acordei e você já quer me adormecer?
Mal comecei a descobrir como a abominação pode ser abissal e você quer me fechar os olhos?
Não me prive da felicidade de vociferar contra o Céu.
Eu prefiro cem mil agonias ao flagelo que você me traz.

Cena 6

Jó e Bildade

BILDADE
> Fora daqui, ande, cunhada desgraçada, xô, xô!
> De gente astuciosa como você é melhor manter distância.

JÓ
> Bildade, meu irmão, é sua voz que estou escutando aí da porta?
> Sai uma esposa, entra um irmão,
> Qual será o suplício desta vez?
> Espero que não tenha vindo para me ajudar.

BILDADE
> Ajudar você, eu? Caramba, não, meu camarada!
> Cheguei de mãos vazias, sem chocolate, nem cianureto,
> E entre um braço e outro, olha eu aqui, com minha boca grande para conversar com você.

JÓ

Os laços da natureza ainda resistem, enquanto os da aliança se desfazem.

BILDADE

Um irmão é sempre um irmão, maninho,
Mas a mulher pode se transformar numa fúria.
A serpente sabia disto e usou Eva para enganar Adão.

JÓ

Também usou Caim para matar Abel,
E José foi vendido pelos irmãos...
Mas você está aqui, Bildade, meu irmão, e como vai fazer para tornar palatável este monte de estrume em que seu Jó se transformou?

BILDADE

Estou aqui e, como o vento sobre o mar revolto,
Como a presa velha diante de um bando de chacais,
Eu só quero rugir, rugir muito com você.

JÓ

Obrigado, Bildade, obrigado por não querer me dar lições, mas só rugir comigo contra o silêncio.
Suas garras afinal são mais doces que as carícias deles.
Seu focinho cheio de dentes, mais gentil que aquelas bocas em coração.

BILDADE

Vamos rugir contra este mundo mau que nos cria para dar aos vermes.
Rugir contra este Deus que nos fez a afronta de não existir.

JÓ

Rugir não significa falar a torto e a direito.

BILDADE

Tem razão, Jó. Por que ficar homenageando estas quatro letras, D, E, U, S?
Já temos cinco letras para dizer toda a verdade!
M, E, R, D, A: o sonoro e sagrado pentagrama!

JÓ

Nossas duas vozes são parecidas, meu irmão,
E dá para ouvir o timbre do nosso pai vibrando de uma a outra, como um fio de cobre dedilhado,
E, como em duas roupas feitas com o mesmo tecido, podemos reconhecer certas inflexões que vieram de nossa mãe,
Há este grão de areia, alguma coisa que se destaca no meio dos outros, algum gonzo que range na harmonia fraternal.
Como se nossos gritos só se parecessem no que eles têm de único,
Não pelo sentido deles, mas pelo som...

BILDADE

Ora, eu e você, nós sabemos a mesma coisa,
E esta coisa,
É o nada.
Nós o olhamos de frente,
Mergulhamos em seus olhos até o fundo,
E compreendemos, não é? Compreendemos que o homem é uma farsa que o vazio representa para si mesmo.
Um macaco superior? Não, um macaco fracassado, incapaz de se divertir nos galhos e de se alegrar com as bananas,

E dotado de uma consciência tão cansativa! Ela
é como um alvo acoplado a uma broca que a
perfura sem parar...
Belo presente este vazio que reflete sobre si mesmo,
Que se desdobra e se reconhece para fazer menos
que nada –
Não a pura ausência, mas uma ausência que sofre, um buraco que sangra, uma nulidade que
supura,
Uma bolota dolorida no meio de astros moribundos.
Vá até o fim dos seus pensamentos, meu irmão,
Confesse que você sabe, como eu, o que é esta coisa, e que esta coisa é nada de nada.

JÓ

Para dizer a verdade, sei ainda menos do que você.
Porque você fala como alguém que soubesse a última palavra,
Mas só sabemos a penúltima.
Você fala como alguém que tivesse a palavra final,
Enquanto nós só a sabemos grosseiramente.
Estamos os dois diante de uma porta da qual não
temos a chave.
E você diz que é uma porta falsa, que atrás dela
existe uma parede, porque você não quer bater
com a cabeça nela,
Porque você não quer admitir que a chave não está
no seu bolso,
Porque você não quer aguentar esta soleira que
queima nossos pés e que não podemos atravessar.
Como o mal poderia nos fazer tanto mal, se antes
não tivéssemos escutado a promessa do bem?
Como a morte de uma criança nos pareceria tão
monstruosa, se antes não tivéssemos saboreado
a maravilha de sua vida?

Como a traição da mulher nos torturaria tanto, se não tivéssemos entrevisto o fogo de sua fidelidade profunda?

Você diz: "O mundo é mau".

E eu digo: "O mal está no mundo".

Estes dois discursos se parecem como duas gotas gêmeas, só que uma é de ácido enquanto a outra é apenas água salgada.

Nossas duas bordas são muito próximas, meu irmão, mas estão separadas por uma fenda vertiginosa.

Somos duas faces de uma mesma medalha, mas elas não olham na mesma direção.

BILDADE

Pode cuspir em tudo e em todos,
Em mim também, se lhe faz bem, cuspa,
E reconheça que esta matéria que não deu certo,
Este prêmio do fracasso,
A palma do fiasco,
O azarado beco-sem-saída da evolução,
Sapiens sapiens,[1] destinado à foice e ao caixão,
Ex nihilo in nihilum,[2]
Nada mais é do que um agrupamento de átomos ao acaso, que logo se esvazia, se desagrega e se dispersa no silêncio e no frio.

JÓ

Sua queixa é uma máscara,
Seu grito, um creme com que você se besunta.
A águia marinha sabe gritar, mas sabe também fazer um ninho macio na torre em ruínas.

---

[1] "Sábio sábio", em latim; relativo ao ser humano. *Homo sapiens sapiens* é o nome científico da espécie humana. (N. T.)

[2] "Do nada para o nada", em latim. (N. T.)

Você também não quer que haja uma saída, você
se acomodou neste sofrimento, se chafurda nele
e se regala como o necrófago que come e dorme
nos cadáveres.

Faz seu molho com sua bile, suas delícias com nossos desastres, seu mel com a morte.

Você afirma que não existe nada,

Mas há estas palavras, das quais você se orgulha.

Este veredito pelo qual você se condena, sim, mas
que o posiciona como juiz soberano.

BILDADE

Perfure o abcesso, isto faz bem, perfure o abcesso
e cuspa em seu irmão,

Cuspa em tudo e em todos, porque não passamos
de uma cusparada que evapora e de um abcesso
perfurado,

Sim, cuspa isso, esvazie seu saco de lixo, vá até o
fim do seu pensamento.

JÓ

Eu penso justamente que nosso pensamento não
tem fim,

Que seu sofrimento é infinito,

Que estamos cercados por todos os lados por um
mistério que nos esmaga e nos escapa.

BILDADE

É fácil, irmãozinho,

Fácil demais chamar de mistério uma coisa que
não passa de uma miragem na areia movediça.

A gente se consola de ficar na merda imaginando
que dá sorte.

JÓ

E a gente se preserva de ter a alma partida, fingindo que é apenas o vento.

BILDADE

Ah, meu irmão, eu achava que você era mais forte do que isso.

Vou deixá-lo entregue às suas meias-medidas.

JÓ

Pois eu não queria deixá-lo entregue ao seu transbordamento.

Fique, meu irmão, fique, por favor.

Quando éramos pequenos, sabíamos brigar, você fingia que era o caubói, e eu, o índio, numa perseguição selvagem, um duelo de morte, mas logo depois tomávamos juntos a mesma sopa, lado a lado, contando piadas...

BILDADE

Você está indo embora como uma hiena, menos enjoada da carne do que da vaidade de ter enfiado o focinho na carcaça do leão.

De quem é a vez agora?

Quem ainda não pegou um pedaço do meu cadáver?

Cena 7

Jó e Zofar

ZOFAR
    Como é belo que a pedra não resista diante do cinzel,
    Mas se ajuste bem a cada pressão,
    Receba cada golpe diretamente,
    Permita que seja feita a obra do escultor que se aperfeiçoa pelo despojamento,
    Que se enriquece pela subtração.
    Ao menos isso você sabe, meu caro Jó:
    É com um único e mesmo martelo que se quebra o ídolo e se modela o santo.
    A maldade com a qual ele o espanca só se compara à ternura com a qual faz tudo que é supérfluo voar aos pedaços,
    Você tem a impressão de que ele está destruindo seu retrato,
    Mas é só para fazer surgir um rosto mais doce.

JÓ
    Zofar, meu amigo, você é o primeiro que fala como uma pessoa sensata nesse desfile de pessoas delirantes,

O delírio delas é acreditar que têm toda a razão,
Sua sensatez é dizer que a razão se esconde e nos convence da loucura.

ZOFAR

Lembra de quando íamos juntos à casa de oração?
Afiamos nossos espíritos na mesma pedra
E quebramos suas lâminas no mesmo Rochedo.
O pequeno círculo de claridade de nossa tocha nos revela melhor a imensidão das trevas que nos cercam.

JÓ

E, às vezes, mesmo essa tocha parece se apagar,
E seu disco de luz desaparece completamente,
Mas como ter certeza de que é a obscuridade que triunfa, e não o sol que ofusca?
Como escolher de onde parte o golpe?
É o maligno que mata a carne?
É a bondade que molda a pedra?
Ou será um tendo o outro como ajudante?
Ou é a escuridão que nos soterra para cavar melhor dentro de nós a sede pela luz?
O deserto se amplia à nossa volta, e não sabemos se é para que nos ressequemos em poeira,
Ou para nos transformarmos, nós mesmos, em fonte,
Uma fonte ignorante de si mesma e que corre, sem jamais aproveitar a água com que sacia os outros...
Ah, Zofar, de todos esses fantasmas, você é o único que não está morto!
Sua tocha não me ilumina mais, mas ela nos aproxima no meio da noite.

ZOFAR

Ela nos aproxima, Jó, o círculo dela se confunde com o da sua tocha.

Porque eu sei que você ganha,
Sei que você ganha porque você paga.
Tudo que recai sobre você é como uma substância corrosiva que tira a ferrugem dos seus pecados.
Sim, todas essas maldições que caem sobre você,
Jó – eu gosto muito de você, então posso dizer –,
São causadas por sua injustiça,
Todas as suas penas são a sentença de um juiz justo.

JÓ

Não estou acompanhando você – ou então sua lanterna está sem pilhas.
É claro que eu tenho defeitos,
Mas o bebê de peito levado pela febre alta,
O que ele fez para merecer tal castigo?
E aquele que mata seu irmão e fica com o maior quinhão,
O que ele fez para merecer tal recompensa?

ZOFAR

Nenhum homem é justo diante de Deus.
E aquele que agora é poupado,
É sobre ele que as tempestades desabarão mais terríveis na hora derradeira.
Todos nós temos de pagar.
Todos nós temos de quitar nossas contas.

JÓ

Agora me lembro, meu bom Zofar:
Você tem uma loja, não é?
E você vende...

ZOFAR

Roupas prontas,
No atacado e no varejo.

JÓ

E os negócios vão bem?

ZOFAR

Vão sim, apesar da crise.
As pessoas precisam sempre se vestir.
Por que está me perguntando isto?

JÓ

Para ter certeza de que você é favorecido pelo deus dos comerciantes.

ZOFAR

Eis aí mais um pecado pelo qual você vai ter que pagar até o último centavo!

JÓ

Estou esperando um salvador, Zofar, não um contador.
Meu Deus resgata e não barganha.
Meu Deus perdoa as faltas e não as registra num caderninho de armazém.

ZOFAR

E se esse seu papaizinho gosta tanto de perdoar, por que castiga tanto cada um de nós?

JÓ

É uma contradição que eu não consigo resolver.
Seria preciso que a trave de madeira dessa cruz onde estou pregado se transformasse num par de asas que me levasse para o alto.
Mas eu não consigo compreender.

ZOFAR

Você reconhece que é absurdo.

JÓ

Absurdo, talvez.
De um lado, a inocência do Criador, do outro, a maldade que infesta sua criação,
Como lidar com isto?
Mas eu não preciso explicar Deus como se ele fosse um comerciante.
Não preciso justificá-lo como se ele fosse um torturador.
Não consigo amar esse carrasco a quem você se entrega e que nos torturaria para extorquir sabe-se lá que louvores,
Como se uma confissão verdadeira pudesse ser obtida pela tortura,
Como se um louvor verdadeiro pudesse ser obtido à força.

ZOFAR

Essa blasfêmia vai lhe custar caro!
(*Jó dá um tapa em Zofar.*)
O que está fazendo?

JÓ

Estou lhe dando razão, toma...
(*Jó dá outro tapa em Zofar.*)
E confirmando.

ZOFAR

Você está muito doente!

JÓ

Mas de repente me sinto muito melhor.
O que foi? Você também não é pecador?
Não tem que pagar também?
É em *cash*, meu amigo, moeda corrente!
Dê a cara a tapa como uma caixa registradora!

ZOFAR
>Pare, Jó, pare!
>Mais calamidades vão se acumular sobre a sua cabeça.

JÓ
>Chega! Estou cheio de abnegação e devo ter por aqui uma bengala com a qual vou enriquecê-lo em segundos.
>
>(*Jó procura e encontra uma bengala debaixo da cama.*)
>
>Calma! Não resista aos golpes do escultor!
>Não recuse a moeda do Céu!
>Vou enchê-lo de pancadas fraternais que vão quebrar suas costas e liquidar sua dívida!

ZOFAR (*que sai correndo.*)
>Maldito! Insolvente! Irresgatável!

JÓ
>Impagável!

(*Na hora em que Jó levanta a bengala diante da porta, não é mais Zofar quem está lá, mas uma jovem que surge na soleira. Jó, com o braço levantado, fica espantado diante desta aparição.*)

Cena 8

Jó e A Jovem

A JOVEM
 Olá.

JÓ
 Olá...

A JOVEM
 É sempre assim? O senhor costuma receber as visitas quebrando a cabeça delas?

JÓ
 Ah... Desculpe, mocinha, não tenho nada contra você, só contra aquele miserável a quem eu estava dando uma esmola celeste.
 Espere, deixe eu olhar para você.
 Como chegou aqui, um jacinto sobre meu estrume, um oásis em minha secura?
 Só de olhar para você, me sinto desarmado.

Dá para ver que você não é da turma dos calculadores,
Mas sim das graças.
Quem é você?

A JOVEM

Eu sou aquela moça com quem você cruzou há alguns dias no metrô...

JÓ

Agora eu me lembro.
Seus olhos pareciam se abrir para um país de frescor,
Suas pernas pareciam abrir caminho através do impasse...

A JOVEM

E o senhor acreditou, entre duas estações, que eu era a promessa do recomeço,
O possível no impossível...

JÓ

Uma vida nova, mas passageira,
Um Éden ofertado, mas inabordável...

A JOVEM

Antes que a multidão me alcançasse na sirene da partida
E você ficasse sozinho, agarrado ao corrimão,
Com trinta anos a mais.

JÓ

Eu me lembro.
Foi entre as estações de Pont-Marie e Villejuif, na linha que me trazia a este hospital.

A JOVEM

A linha sete, pintada de rosa nos mapas.

JÓ

Você desceu na estação Gobelins, não, em Place d'Italie...

A JOVEM

Em Maison Blanche.

JÓ

Em Maison Blanche – Casa Branca – com seu vestido branco e azul.
Você era a primeira andorinha e o desabrochar da amendoeira,
Os belos dias que retornam com sua magia, fazendo a erva crescer na terra negra e seca.

A JOVEM

Eu anunciava a estação dos amores.

JÓ

Mas não era para mim.

A JOVEM

E se fosse apenas para você?
Quem mais, naquela estação, me viu como um clarão na própria noite?
Quem mais ficou tão feliz e tão triste com minha passagem?
Então não foi para você que eu fui a terça e a quinta que fizeram, por um instante, soar o seu acorde maior?

JÓ

Alguém de passagem. Você era só alguém que passava.
O acorde soou, depois o seu desaparecimento me devolveu duramente à minha nota silenciosa, solitária como um soluço.

A moça que passava me prometia um futuro que os que estavam próximos a mim recusavam.
Mas eram promessas no ar,
Promessas muito tênues,
Impossíveis de agarrar...

A JOVEM

Mas agora estou aqui, esperando diante do senhor.
E o senhor está ouvindo a música de novo.

JÓ

Que milagre fez com que você me reencontrasse?
Como é possível que eu não lhe cause repulsa?
Tanta primavera diante de tantos escombros!

A JOVEM

A graça, como o senhor disse!
Por acaso interroga-se a graça?
Por acaso ela tem que explicar suas razões?
Não, ela surge assim, de surpresa,
Com uma alegria saltitante mais imprevisível que a desgraça.

JÓ

Como você consegue falar comigo com essa ligeireza risonha de um riacho na primavera?
Você desembarca neste quarto sufocante e é como se as persianas se abrissem, estalando sobre o céu azul claro.
E o vento mergulha para limpar tudo com sua mão transparente,
Esta mão que enche as velas dos navios e conduz a semente das flores,
E minha gaiola, apertada por tanto tempo, se ergue, se dilata, bebe em grandes goles, a melodia da sua alegre canção...

A JOVEM

Sente-se, Jó, e deixe que eu me sente sobre seus joelhos cansados.

(Jó se senta na poltrona e ela se senta no colo dele, parecendo mais uma criança do que uma mulher.)

Eu sou o gatinho que brinca com a bola de lã, que nunca encontrou nem com o cachorro bravo, nem com o rato.

Sou a menininha que brinca de amarelinha e se diverte sem angústia no meio dos túmulos.

JÓ

Será possível que essa moça sentada no meu colo possa me carregar e aliviar o meu fardo?

A JOVEM

Descanse sua cabeça sobre meu seio,

Deixe que meus lábios derramem em sua boca o vinho da calmaria.

O homem saiu nu do ventre da mulher:

Que nu, ele para lá retorne.

O homem gritou pela primeira vez por ter deixado a seda de seu sexo:

Que ele grite, pela última vez, antes de se implantar lá de novo.

Eu abri os ouvidos aos seus gemidos, Jó,

Sua nudez me comoveu.

Eis aqui meu corpo jovem e virgem, que criou para você um berço de ternura,

Meus membros intactos lhe prepararam um jardim só seu,

O pomar da minha carne,

Onde você vai colher os pêssegos da doçura e as romãs do esquecimento.

JÓ

Você fala comigo com uma voz que vem da minha infância,

Uma voz muito antiga e muito jovem, que vai buscar sua ressonância em minha memória mais profunda.
Você me seduz com palavras,
Mas o que diz encontra em minha alma ecos anteriores à palavra,
Atinge-me num lugar em meu passado em que eu não conhecia palavra alguma,
Mas apenas o choro que me faz lembrar de um amor comestível e de calor humano junto ao meu rosto.
Mas não se volta para trás.
Na hora decisiva, não recua chamando a mamãe.
O verde Éden foi perdido para sempre,
E quem quiser voltar à condição fetal, ou retroceder
Vai se encontrar cara a cara com o anjo da espada de fogo.

A JOVEM

Jó, meu pequeno Jó,
Não se obstine em permanecer em seu inferno.
Pode Sísifo recusar que sua pedra se transforme em Galateia?
Pode Tântalo rejeitar a oferenda do cacho suculento?
Venha fazer sobre meu corpo a primeira e a segunda colheita,
Morda esta outra maçã onde morre o remorso,
Pegue então no sentido inverso a estrada da perdição
E venha reencontrar o paraíso da origem.
Eu sou sua.
Meu dote é o seu antídoto.
Foi para saciar a sua sede que guardei minha água pura.

JÓ

Deixe-me, eu imploro.
O esquecimento que você me oferece é uma desculpa, não uma promessa de perdão.
Seu beijo é uma mordaça, não uma promessa de abraço.
Quanto à sua pureza, ela só me perturba,
Se alguém a sacudir um pouco, mocinha, a borra vai subir e turvar sua transparência.

(*Jó se levanta e a empurra.*)

Que prazeres perversos você veio procurar junto a um velho estropiado como eu?
Quem lhe pagou para vir me fazer trocar o arrependimento pela regressão, a páscoa divina por um passe tarifado?
A beleza da sua juventude não vai trazer de volta meus dois filhos.
Nenhum anjo vai conseguir tirá-los da fornalha.

A JOVEM

Vai rejeitar essa graça?

JÓ

Graça, coisa nenhuma!
Prostituta desgraçada, isso sim!
A outra queria me adormecer para morrer,
E você, é com o "amor" que quer me despachar,
Seu amor é como um emplastro, que abafa a ferida e a faz gangrenar.

A JOVEM

Está vendo, seu ingrato? O que você fez com meu riso?
Sou apenas uma jovem e você me faz chorar.

JÓ

Console-se!

Mais valem lágrimas de verdade do que os risinhos da mentira.
É melhor lavar a ferida,
Antes que ela aumente, aumente sem parar,
Até se transformar num riso maior que todos os escárnios.

Cena 9

Jó e Eliú[1]

ELIÚ
Senhorita, espere. Até parece que ela cruzou com um sátiro.
O que está acontecendo aqui?
Faz quase uma hora que estou sentado neste corredor
E, como na casa de uma megera insaciável, toda vez que alguém entrou em seu antro, seguro de si e de seu consolo, mal se passaram cinco minutos, e a pessoa saiu desvairada e trôpega.

JÓ
Eliú, meu pai,
É verdade, eles saíram daqui com a asa quebrada e o andar cambaleante,

---

[1] Eliú é outro amigo de Jó que aparece posteriormente na narrativa bíblica. Ele também vem visitá-lo e consolá-lo. No Livro de Jó, ele é mais jovem do que os outros três e é chamado de Eliú, o Jovem (Jó, 32,1-5). No texto de Hadjadj, no entanto, Eliú é apresentado como uma personagem mais velha. (N. T.)

Mas são comparáveis à abelha que acaba de picar com seu ferrão,
E que é abatida, não pelo golpe que levou, mas pelo que ela mesma deu.
Eu já me considerava invulnerável como uma peneira,
No entanto eles conseguiram a façanha de me perfurar ainda mais,
Entre os furos.
Já nem posso dizer que estou esburacado.
Numa peneira, existem espaços entre os furos, mas em minha pele, não há um milímetro onde não tenha sido enfiada uma farpa.

ELIÚ

É a sua língua, meu filho.
Sua língua se mexe como um peixe fresco e esperto no dilúvio.

JÓ

Não se engane! Faz um bom tempo que minha língua foi cortada.
Não confunda uma nadadora eloquente com um pedaço de serpente retalhada.
Eu falo mais pelo mutismo do que pelas palavras.
Expresso-me mais pelas feridas do que pelos lábios.
Mas você me disse que estava esperando há mais de uma hora.
Por que não entrou antes dos outros?
Você teria sido meu escudo contra as flechas deles, meu pai,
Um antídoto contra seus venenos.

ELIÚ

Eu estava neste hospital esperando o resultado de meus exames,
Segundo o médico, uma simples formalidade.

JÓ

E qual o resultado deles?

ELIÚ

Ah, acabaram de me trazer o envelope e eu ainda não abri.
Mas estou tranquilo, já disse.
Há coisas mais urgentes a tratar.

JÓ

Então abra essa cartinha de amor do laboratório e livre-se dessa preocupação.

ELIÚ

Como uma folha de papel poderia ser tão pesada?
Não se disperse, meu filho.
No momento, minha preocupação é com você.
Está querendo arrastar todos nós na sua queda?
Vai sempre responder à mão estendida com uma chave de braço?
Eu vi a derrota no rosto deles.
Está desmoralizando seus irmãos, Jó.
Em vez de fortalecer as mãos que eles lhe estendem, você lhes corta as pernas, e eles deixam seu quarto desorientados, como quem não soubesse mais o próprio endereço, nem o nome dos próprios pais.
Tornou-se inimigo da alegria a esse ponto?

JÓ

É você quem me diz isto, meu pai, meu próprio confessor,
Você me diz que eu me tornei inimigo da alegria?

ELIÚ

Meu filho, meu filho,

Pelo menos você repete as orações que aprendeu?

Quando as coisas não vão bem, é só isto que nos resta, nos agarrarmos ao nosso livrinho de orações,

Sim, quando sentimos que nos falta a palavra viva, só nos resta repetir a lição dos antigos,

Recitar de cor, quando o coração está aos pedaços,

Recitar mais por teimosia e inércia do que por perseverança,

Mecanicamente sim, não tenhamos medo de dizer, mas com uma engrenagem bem azeitada, que continua a nos ligar ao verbo que se tornou ininteligível,

Como um papagaio talvez, mas repare que mais vale um papagaio que voa do que uma águia morta,

Enfim, de cor, como se diz, de cor, todas as preces do iniciante, de cor, como tudo que resta para nos lembrar que nosso coração está vivo.

JÓ

Meu coração está vivo sim, sei disso pela dor que ele me causa.

Ele recita, com certeza, recita tão bem que as preces se tornaram um ruído de fundo sem sentido algum,

Uma ladainha tão repetida que chega a enjoar...

ELIÚ

Você não se entrega com humildade suficiente ao Pai da misericórdia.

Não se joga com plena confiança infantil nos braços de Sua providência.

Então não sabe que a marca do Todo-Poderoso é extrair do mal um bem,

E fazer com que os assaltos dos inimigos se transformem na glória de seus eleitos?

Os inimigos chicoteiam, batem com todas as forças, mas são golpes que fazem os eleitos crescerem como a neve doce e imaculada.

JÓ

Poupe-me desse açúcar,
Preciso cuidar da minha diabete.

ELIÚ

Deus escreve certo por linhas tortas.

JÓ

Tortas o bastante para me estrangular.

ELIÚ

Se ele permite que o justo seja enterrado,
É para que ele tenha raízes profundas
E faça desabrochar no céu uma esplêndida floração.

JÓ

Meus olhos e minha boca estão cheios de terra,
Mas talvez...
Talvez não devamos procurar as flores lá no topo,
Talvez seja preciso apenas esperar, no fundo da obscuridade subterrânea,
O tubérculo negro,
A raiz comestível.

ELIÚ

Isto mesmo, meu filho, minha batata-doce, minha cenoura rastejante, meu nabo saboroso,
Recupere a confiança.
Nós vivenciamos os papéis criados por esse grande roteirista cujos objetivos nos ultrapassam.
Ele prepara para nós um final inesperado,

Que será mais brilhante, se precedido por caminhos subterrâneos e escuros.
E mais necessário, se imprevisto.

JÓ

Meu pai, meu pai, então você me compreende?
Então você me acompanha no desconhecido?
Porque, é verdade, a aurora é mais bela quando triunfa sobre uma noite muito escura,
Mesmo que tenha sido de fato muito, muito escura, esta noite,
E que ela tenha se infiltrado em nós como uma fuligem sufocante.

ELIÚ

É preciso ter confiança, meu filho, ter confiança, como esta pequena chama que revela e afasta as trevas.
(*Pausa.*)

JÓ

Agora abra este envelope que avalia o seu sangue.
Quero festejar com você a boa notícia.

ELIÚ

Tem razão. Agora posso me preocupar um pouco comigo mesmo.
(*O pai Eliú abre a carta, lê e muda de expressão.*)

JÓ

Que foi, pai?
Por que a bonomia desapareceu de repente de seu rosto?
Os resultados não foram bons?
(*Tempo.*)
Suas pernas também estão tremendo,

Você também vai sair deste quarto titubeando,
E sente, como eu, o quanto a confiança está próxima da renúncia,
Percebe, como eu, o quanto o elogio está próximo à blasfêmia,
Um grito dentro do grito que chega a roubar nosso uivo...
Mas eu não quero, meu pai, eu não quero!
Eu queria que você, pelo menos você, meu pai, meu próprio pai, saísse daqui pleno de sabedoria e paz interior,
E que eu pudesse, como uma criança pequena, que eu pudesse agarrar a borda do seu manto, para que você me levasse consigo, meu pai, em seu voo nas alturas...

(*Jó abraça Eliú. Mas Eliú recusa seu abraço.*)

ELIÚ

Jó, ah, Jó,
Sou seu confessor,
E peço perdão.

(*Eliú sai.*)

Cena 10

Jó e o Demônio

DEMÔNIO
Você tocou todo mundo daqui para fora, quer dizer, todos ficaram muito tocados, meu irmão,
Conseguiu calar a boca e acabar com a graça de todos para que tratem de buscar a verdadeira inspiração.

JÓ
O que está fazendo aqui? Por acaso nos conhecemos, cavalheiro?

DEMÔNIO
Há muito tempo, meu querido Jó, há muito tempo.
De certa forma, eu sou o melhor dos seus amigos.
Eu o acompanho desde a mais tenra infância.
Se você tivesse um perfil no *faceburro*, quer dizer, no *facebook*, já teríamos nos encontrado e eu teria curtido muita coisa no seu mural.

JÓ

Seu rosto me é familiar e, no entanto,
Ele não me diz nada.

DEMÔNIO

É que eu estou sempre mascarado.

JÓ

Sua máscara é a de um deus.

DEMÔNIO

Um deus que caiu de joelhos diante da sua pobreza.
Estive ouvindo você falar e, se você soubesse o quanto aprendi, o que senti ouvindo seu grito, Jó,
Um grito clamando pelo desfecho,
Um apelo sempre direto ao foco do desespero,
Uma dilaceração no palco do mundo como nenhum herói de tragédia jamais ofereceu.

JÓ

Eu só não entendo como tudo isto aqui pode parecer um espetáculo,
E eu possa parecer não esta pessoa anulada e apavorada, uma pobre raposa com a pata presa na armadilha,
Mas um ator orgulhoso sobre seus coturnos,
Uma personagem inebriada por sua grande fala.

DEMÔNIO

Jó, você é Jó.
O único que afirmou o excesso do mal,
O único que reconheceu, sem subterfúgios, a miséria humana,
O único que clamou por uma misericórdia desconhecida.
Você é um coitado ao léu, quer dizer, um santo do céu.

JÓ

Quem é você que quer transformar meu lamento em agravo e complacência?

DEMÔNIO

Sou o amigo que abençoa todos os seus empreendimentos,
O irmão que aplaude sua fixação corajosa na infelicidade,
O seu anjo da guarda que o admira sobre sua cruz.

JÓ

Afaste-se de mim, Demônio, meu espelho no qual eu me adoro e me detesto, para você isso pouco importa, desde que eu não pare jamais de me observar!
Sei que você cheira menos a enxofre do que a certos incensos perfumados que nos deixam tontos.
Que o Senhor me proteja dos seus aplausos!
Que a espada dele, que transpassa o coração, me proteja dos seus medíocres arranhões.
Contra seus prazeres mesquinhos, eu convoco a Alegria.
(*O Demônio evapora.*)

Cena 11

Jó, sozinho

Oh, Alegria, você sabe muito bem que se eu sofro tanto,
É por sua causa,
Porque não renunciei a você.
Oh, Alegria, você sabe muito bem que se grito com tanta força,
É por sua causa,
Porque ainda escuto o seu chamado.
E você sabe muito bem, Alegria, que se me revolto diante do horror,
É por sua causa,
Porque não me esqueci do seu sorriso.
Sem ter você por perto, o mal me pareceria normal e a morte não seria amarga.
Mas sua ausência me acompanha por toda parte,
Seu silêncio fala mais alto do que todas as vozes,
Esposa raptada de repente dos meus olhos, mas pintada sob minhas pálpebras,
Menina desaparecida, tudo se torna o véu que faz lembrar sua presença e a esconde.

Oh, Alegria, meu aguilhão penetrante, minha paixão ciumenta, amante que estrangula todos os meus prazeres, como tantas concubinas falsas que nos embrutecem,
É preciso que você não esteja dentro de mim para que eu me descubra nesse receptáculo inteiramente esvaziado por seu transbordamento?
É preciso que você não esteja dentro de mim, como em um barril, para que eu mergulhe em você como no mar imenso?
É preciso que você não se feche dentro mim, como em uma toca, para que eu parta ao seu encalço como quem busca um Reino?
Eu não a tenho, mas você me encerra.
Você foge de mim, mas também é quem me leva em direção ao outro,
Você me machuca, mas só você poderia me curar,
E porque fico à espreita, pronto para recebê-la, sensível ao menor sopro que possa anunciar sua chegada,
Você me proíbe de emergir de minha carapaça,
E minha cabeça é esta concha fraturada,
Minha língua é este caramujo grotesco,
Que deixa com suas palavras menos sabedoria do que baba.
E você não vem reduzir a fratura, não, você ainda a alarga, a aumenta para que nela entre uma multidão.
Ah, entrem, meus amigos, minha mulher, Elifaz, Bildade, Zofar, Eliú e aquela jovem passante, cujo nome eu não sei,
Há espaço, doravante, muito espaço,
Pois eu odeio vocês pelas injúrias que me fizeram,
Mas também posso amá-los, porque agora minha ferida é suficientemente grande para acolher a todos!

Ah, Alegria, você me resguarda da felicidade da água estagnada dentro do frasco de marfim,
E me expõe a esta foz de rio à qual só posso me entregar...
E talvez você não seja apenas a Alegria de Jó para ser melhor a Alegria de Jó com todos,
Talvez você não seja somente a Alegria dos felizes para se transformar também na Alegria dos derrotados e obtusos; na Alegria dos desacreditados e dos estúpidos; na Alegria dos desesperados e dos desmancha-prazeres,
Aqui e agora,
De pé, ainda, na borda do precipício,
Neste momento de oscilação terrível,
Com o coração aos pulos, balançando sobre o horror,
Oh, Alegria,
Eu a espero.

Cena 12

Deus e o Demônio

DEUS
E então, meu anjo,
Acabou a representação?
Gostou da sua encenação?

DEMÔNIO
Pare de me chamar de "meu anjo", seu velho gagá!
Eu tenho uma reputação a zelar,
Sou um demônio que se dá ao respeito.

DEUS
Mas afinal você não me serviu
Tanto quanto o melhor dos meus querubins?

DEMÔNIO
É sempre o mesmo trabalho de Jó.
Eu me esforço tanto para conspurcar um pouco os seus santos, mas não, só consigo poli-los, aperfeiçoá-los, fazê-los brilhar ainda mais diante de você!

DEUS

Ah, meu utilíssimo servidor, se soubesse como lhe sou grato.

DEMÔNIO

Se soubesse como eu o detesto por causa disso.

DEUS

O que você quer, meu anjo? É como você mesmo disse.

Eu sou um velho gagá, e só sei amar minhas criaturas.

SOBRE A PEÇA

Esta peça foi parcialmente criada no dia 25 de março de 2011, Sexta-feira da Quaresma e Festa da Anunciação, no átrio da catedral de Notre-Dame de Paris, a pedido do Conselho Pontifical para a Cultura, com Michael Lonsdale, como Deus, Thibaut Corrion, como Demônio, Antoine Philippot, como Jó, e Damien Poisblaud, interpretando o canto do ofertório *Vir Erat*.

As duas primeiras cenas foram apresentadas anteriormente numa leitura na biblioteca pública de Nova York, por ocasião do evento *Walls and Bridges*, organizado por Guy Walter e a Villa Gillet.

O autor agradece especialmente ao padre Laurent Mazas, ao monsenhor Gianfranco Ravasi e, sobretudo, ao papa Bento XVI, sem o qual esta peça – escrita para o lançamento do projeto Átrio dos Pagãos (*Parvis de Gentils*)[1] – não existiria.

---

[1] Criado pelo papa Bento XVI em 2011, o Átrio dos Pagãos é um evento que promove o diálogo entre católicos e não católicos. (N. T.)

Você também pode interessar-se por:

Da Literatura ao Palco: Dramaturgia de Textos Narrativos narra como o autor transforma textos literários, como romances, em peças de teatro. O livro é uma narrativa desse trabalho, com grande quantidade de exemplos e propostas práticas. Sem dúvida, um livro fundamental para aqueles que procuram caminhos por onde pesquisar a dramaturgia, e uma grande ajuda para a busca de alternativas aos textos nascidos para o palco.

Este volume reúne três peças escritas quando Tennessee Williams já era uma celebridade reconhecida não só nos Estados Unidos, pelas montagens da Broadway, mas em todo mundo pela adaptação de *Um Bonde Chamado Desejo* para o cinema: *Gata em Telhado de Zinco Quente* (1955), umas das peças mais famosas do autor, que lhe rendeu o segundo Pulitzer Prize da carreira. *A Descida de Orfeu* (1957), peça sobre liberdade artística e espiritual, mas também sobre racismo e intolerância. *A Noite do Iguana* (1961), que dialoga principalmente com o conto homônimo do mesmo autor e foi considerada o último grande sucesso comercial.

Do mesmo autor, leita também:

Como um eco distante dos vagabundos de *À espera de Godot* de Beckett, esta curta e incisiva história oferece uma experiência metafísica, a da gratuidade da existência, oscilando entre o absurdo e a graça. E se não houvesse espetáculo? Se, por uma vez, depois da cortina vermelha subir, o público se confrontasse com um palco vazio? Isto é o que Pol Bouchard nos convida a fazer, um palhaço por direito próprio, que aqui se torna um comentador do silêncio, agarrado pelo enredo pelo simples fato de lá estar... Mas seu convite logo se transforma em parasitismo. Aquele que cantava sobre o espaço vazio começa a preenchê-lo de mobílias. A sua alegria de viver é devorada pela fatalidade de ter de morrer. Este texto denso e incisivo convida-nos a tomar consciência da gratuidade da existência e a apreciar a sua profundidade, entre o absurdo e o gracioso.

Por meio de uma viagem através da filosofia, da teologia e das artes – abordando obras de Nietzsche, Kafka, Baudelaire, Bernini, Sade e Mozart, entre outros – o autor destrincha o que é o Paraíso: um convite à alegria do aqui e agora, de estar presente na própria vida e na vida de todos. Uma alegria que deve ser convocada para dentro de nós, por todos nós.

facebook.com/erealizacoeseditora

twitter.com/erealizacoes

instagram.com/erealizacoes

youtube.com/editorae

issuu.com/editora_e

erealizacoes.com.br

atendimento@erealizacoes.com.br